교과 연계

5학년 2학기
날씨와 우리 생활

6학년 2학기
계절의 변화

글·그림 백명식

강화에서 태어나 서양화를 전공하고 출판사 편집장을 지냈습니다. 어린이들이 좋아하는 책을 쓰고 그릴 때 행복하답니다. 쓰고 그린 책으로《사이다 탐정》시리즈,《돼지 학교》 시리즈,《인체 과학 그림책》시리즈,《맛깔 나는 책》시리즈,《저학년 스팀 스쿨》시리즈, 《명탐정 꼬치》시리즈,《냄새 나는 책》시리즈,《미생물 투성이 책》시리즈,《좀비 바이러스》시리즈,《안녕! 한국사》시리즈,《나는 나비》등이 있습니다. 소년한국일보 일러스트상, 소년한국일보 출판부문 기획상, 중앙광고대상, 서울 일러스트상을 받았습니다.

감수 와이즈만 영재교육연구소

창의 영재수학과 창의 영재과학 교재 및 프로그램을 개발했습니다. 구성주의 이론에 입각한 교수학습 이론과 창의성 이론 및 선진 교육 이론 연구 등에도 전념하고 있습니다. 국내 최고의 사설 영재교육 기관인 와이즈만 영재교육에 교육 콘텐츠를 제공하고 교사 교육을 담당하고 있습니다.

❸ 산불 방화범 찾기 대작전

③ 산불 방화범 찾기 대작전

1판 1쇄 인쇄 2023년 1월 10일
1판 1쇄 발행 2023년 2월 10일

글·그림 백명식 | **발행처** 와이즈만 BOOKs | **발행인** 염만숙
출판사업본부장 김현정 | **편집** 오미현 원선희
디자인 위드 | **마케팅** 강윤현 백미영

출판등록 1998년 7월 23일 제1998-000170 | **제조국** 대한민국
주소 서울특별시 서초구 남부순환로 2219 나노빌딩 5층
전화 마케팅 02-2033-8987 편집 02-2033-8928 | 팩스 02-3474-1411
전자우편 books@askwhy.co.kr | **홈페이지** mindalive.co.kr | **사용 연령** 8세 이상
ISBN 979-11-90744-62-1

© 2023, 백명식
이 책의 저작권은 백명식에게 있습니다.
저자와 출판사의 허락 없이 내용의 일부를 인용하거나 발췌하는 것을 금합니다.
잘못된 책은 구입처에서 바꿔 드립니다.

와이즈만 BOOKs는 (주)창의와탐구의 출판 브랜드입니다.
KC마크는 이 제품이 공통안전기준에 적합하였음을 의미합니다.

기후 위기 해결사
사이다 탐정
❸ 산불 방화범 찾기 대작전

백명식 글·그림
와이즈만 영재교육연구소 감수

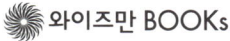

와이즈만 BOOKs

등장인물

사이다 탐정

탐정 학교 1기를 수석으로 졸업한 뒤, 헬스푸드시에서 탐정으로 일하고 있다. 사이다처럼 시원하고 명쾌한 성격이다. 가장 기분 좋은 순간은 사건을 해결하고 톡 쏘는 사이다를 하늘에 닿을 만큼 시원하게 내뿜을 때!

버거

사이다 탐정의 친구이자 조수. 가업을 이어 밀 농사를 지을 뻔했지만 우연히 사이다 탐정을 만난 후 탐정이라는 직업에 매력을 느끼고 헬스푸드시에 오게 됐다. 얼핏 보면 조금 둔해 보이지만, 중요한 순간에 사이다에게 도움을 주는 존재.

봉이

무엇이든 고쳐 주고 만들어 주는 만능 키! 기발한 발명품으로 사이다 탐정을 도와준다. 부엉이라서 보통은 낮에 자지만, 호기심 많은 성격으로 흥미로운 일이 있으면 언제든지 열일하는 워커홀릭.

코가손 소방서장

헬스푸드시에 불이 났을 때마다 출동하는 소방서의 대장. 범인을 알 수 없는 화재 현장을 다니며 묵묵히 일한다. 성실하고 믿음직한 인물.

뭉개 사장

헬스푸드시에서 대규모 공장을 운영하고 있다. 패션에 관심이 많은 시민들에게 꼭 필요한 존재.

어느 날 오후, 사이다 탐정의 다급한 목소리가 헬스푸드시에 울려퍼졌습니다. 버거도 숨을 헐떡이며 부싯돌 형제를 뒤쫓았어요. 부싯돌 형제는 사이다 탐정과 버거를 비웃기라도 하듯 더 잽싸게 도망쳤지요.

"사이다, 최후의 방법이 필요해!"

버거가 소리치자, 사이다 탐정이 몸을 힘껏 흔들며 말했어요.

"웬만하면 이 방법은 안 쓰려고 했는데!"

　사이다 탐정의 시원한 한 방으로 부싯돌 형제는 무사히 경찰서로 넘겨졌습니다.
　"사이다 탐정님 덕분에 방화범인 부싯돌 형제를 드디어 잡았습니다. 하하!"
　소시지 경찰이 답답했던 속이 뻥 뚫린 듯 시원하게 웃으며 사이다 탐정에게 연신 고마움을 표했어요.
　"헬스푸드시 시민으로서 당연한 일을 했을 뿐입니다. 이제 당분간 헬스푸시에 화재 소식은 없겠죠? 저는 그럼 사이다를 보충하러 이만!"

한동안 헬스푸드시는 평화로운 날들이 이어졌어요. 그만큼 사이다 탐정 사무소를 찾는 시민들도 줄었어요. 사이다 탐정과 버거도 오랜만에 여유로운 시간을 한껏 즐겼지요.

사이다 탐정과 버거가 전화를 받고 긴급 출동한 곳은 산불 현장이었어요. 검게 그을린 소방관들이 새빨간 불길을 잡느라 애쓰고 있었어요.

이쪽으로!

한동안 조용하더니 또 불이 났군!

어머!

저기 봐!

다음 날, 마카롱 시장님이 산불 관계자들을 모두 불러 모았어요. 다행히 산불은 진화되었지만, 마카롱 시장님의 얼굴은 여전히 붉으락푸르락 달아올라 있었지요. 마카롱 시장님이 몹시 흥분하여 소리쳤어요.

부싯돌 형제가 잡혔는데도
또 또 또
불이 났어요!

이렇게 화내시는 건 처음 봐.

"설마 부싯돌 형제가 탈옥을 한 건 아니겠죠?"
버거의 질문에 소시지 경찰이 고개를 가로저었어요.

감옥에 얌전히 있는 걸 확인했습니다.

그러자 마카롱 시장님이 벌떡 일어났어요.
"그럼 산불이 왜 이렇게 자주 일어나는 거죠? 혹시 누군가 헬스푸드시를 망치려는 건 아닐까요?"
마카롱 시장님은 불안한 듯 사무실 이곳저곳을 오가며 안절부절못했어요.

코가손 소방서장이 조심스럽게 말했어요.

누군가 일부러 불을 지르는 일은 생각보다 많지 않습니다. 오히려 장난이나 부주의로 인한 화재가 더 많이 발생하는 편입니다.

1. 등산객의 부주의로 인한 실수

2. 논밭에서 태우는 쓰레기로 인한 화재

그 밖에 건물에서 난 화재가 산으로 옮겨붙거나, 화산이나 지진, 번개 등에 의해 발생하기도 합니다.

어쨌든 화재와 관련된 누군가가 있을 거예요. 사이다 탐정님, 반드시 범인을 잡아야 해요!

네, 걱정 마십시오. 시장님.

휴, 내가 너무 흥분했나?

사이다 탐정과 버거가 급히 봉이네 연구소로 향했어요. 봉이는 기다렸다는 듯 둘을 반갑게 맞이하며, 어디론가 안내했어요.
"지난번 부탁한 소방 헬리콥터예요!"

다만, 아직 물을 가득 담을 특수한 천을 못 만들었어요. 가볍고 튼튼한 소재만 찾으면 완성입니다!

좁은 공간에서도 날 수 있는 날개 접기 기능!

기존 소방 헬리콥터보다 세 배나 빠른 속도!

사실 사이다 탐정은 헬스푸드시에 연달아 불이 나기 시작할 때부터 새롭고 기발한 소방 헬리콥터를 준비하고 있었어요.

사이다 탐정이 만족스러운 표정으로 말했어요.
"그럼 이제 화재 현장으로 가 볼까?"
특별한 소방 헬리콥터도 착착 만들어지고 있으니, 이제 진짜 방화범을 찾으러 갈 순서였어요.
"잠깐만요!"
봉이가 버거에게 조그만 명함 하나를 내밀었어요.

소방 헬리콥터만 성공하면 저도 어엿한 사업가가 될 수도 있다고요.
사업가에게 명함은 필수!

사이다 탐정과 버거는 화재 현장 주변의 집들을 한 곳도 빠짐없이 방문했어요.

"혹시 산불이 나기 전 수상한 사람을 본 적은 없습니까? 낯선 사람을 목격한 적은요?"

탐문 수사는 헬스푸드시에 어둠이 내려앉을 때까지 이어졌어요.

사이다 탐정은 시민들의 이야기를 종합해 세 명의 용의자를 추려냈어요.

버거가 첫 번째 용의자에 의문을 제기했어요.
"황소다 씨는 전기를 다루지, 불과는 관련이 없어."
"맞아, 하지만 전기 공사를 하다 보면 전선에서 스파크가 튈 때가 있지. 만약 방귀쟁이 황소다 씨가 스파크가 튈 때 방귀를 뀌었다면 어떻게 될까? 황소다 씨는 의도하지 않았더라도 화재의 원인이 될 수도 있어."

방귀에는 메탄가스가 많이 포함돼 있었지!

맞아, 아주 불가능한 일은 아니라고.

쓰러진 사이다 탐정

오솔남이 사이다 탐정과 버거를 캠핑장으로 안내했어요.

보세요! 불을 끄기 위한 소화기와 모래주머니도 있다고요!

"캠핑장에서 모닥불을 피우는 건 맞지만, 산불로 번진 적은 한 번도 없습니다! 저희 캠핑장만큼 화재 대책이 잘 되어 있는 곳도 없을걸요!"

억울한 오솔남은 휴대폰 속 사진을 꺼내보였어요.
"화재가 나기 전 손님들과 찍은 사진이에요. 산불이 났다면 이렇게 웃으며 사진을 찍을 수 있었을까요?"
오솔남의 주장에 사이다와 버거는 고개를 끄덕일 수밖에 없었어요.

퀴즈

사이다 탐정과 버거가 우연히 초대리의 뒷모습을 보았어요. 빨리 초대리를 만나러 가 볼까요?

초대리가 빨간색 모자를 휙 벗었어요.
"제 머리카락 보이죠? 무려 일주일에 한 번씩 미용실에 가고 있다고요. 요즘엔 자꾸만 켜지는 촛불을 끄고 다니는 날도 많아요."
"흠, 저희도 초대리 씨가 아닐 거라고 생각하지만······."
사이다 탐정의 말이 끝나기도 전에 초대리가 자신 있게 말했어요.
"그럼 CCTV라도 확인해 보시든지요!"

초대리의 억울함은 알겠지만, 유력한 용의자인 만큼 확실한 검증은 필요했어요. 그런데 CCTV를 보아도 특별히 의심되는 행동은 없었어요. 사이다 탐정이 서둘러 돋보기를 주머니에 넣으며 말했어요.

"흠, 단 한 명의 용의자만 남았어."

사이다 탐정과 버거가 한참을 달려 마지막으로 찾은 곳은 어마어마한 크기를 자랑하는 대규모 공장이었어요. 나즈막한 산 앞에 새 공장이 들어서면서 황소다가 최근에 전기 공사를 한 곳이기도 했지요.
 버거의 눈이 휘둥그레해졌어요.
 "최신식 공장이야! 공장 주인이 대체 누구일까?"

사이다 탐정이 사진 한 장을 보였어요.

"이름은 황소다. 직업은 전기 공사 기사야. 최근에 이 주변에서 본 적 있어?"

사진을 본 뭉개 사장의 눈이 동그랗게 커졌어요.

"물론이지, 오늘도 봤는걸! 공장에 전기를 공급하려면 송전탑부터 살펴봐야 한다면서 산으로 갔어. 그런데 대체 무슨 일이지?"

"산불 방화범 용의자야."

가만히 듣고 있던 버거의 한 마디에 뭉개 사장이 호들갑을 떨며 소리쳤어요.

뭐라고???
그걸 지금 얘기하면 어떻게 해!
우리 공장에 불이라도 내면 어떡할 거야?

뭉개 사장을 뒤로한 채, 사이다 탐정과 버거가 산속으로 향했어요. 그런데 황소다는 어디에도 없었어요. 둘은 점점 마음이 조급해졌어요. 버거가 발걸음을 재촉했어요.
"난 산 너머로 가 볼게."

"난 이쪽으로!"

"그럼 난 큰길 옆에 작은 길로!"

사이다 탐정은 어느새 깊은 산속에 다다랐어요.
"헉헉, 오늘 황소다 씨를 찾는 건 어렵겠군."
사이다 탐정이 그늘에 앉아 땀을 식히려는데, 어디선가 이상한 소리가 들렸어요. 째앵째앵. 타탁타닥.
"이게 무슨 소리지?"
주변을 살피던 사이다 탐정이 소스라치게 놀랐어요.

"소, 소방관님! 산에 불이 났습니다!"

작은 불씨지만 바람이 많이 부는 탓에 금방 큰불로 번질 수 있는 상황이었어요.

소방관이 올 때까지 가만히 기다릴 수만은 없었어요. 사이다 탐정은 온몸을 세게 흔들었어요.

으으으!
순식간에 불이 번지겠어!

촤악! 쏴아아악!

사이다 탐정은 마지막 사이다 한 방울까지 쏟아 내어 남은 불씨를 껐어요. 소방관들이 달려왔을 때 사이다 탐정은 다리에 힘이 풀려 나무에 기대어 있었지요.

"소방관님, 범인이 이 근처에 있는 것……."
사이다 탐정은 차마 말을 끝맺지 못하고 정신을 잃었어요.
"사이다 탐정님! 정신 차리세요!"

방화범의 정체

삐뽀 삐뽀!

구급차가 요란한 소리를 내며 병원을 향해 달렸어요. 사이다 탐정의 뜨거워진 몸은 시원한 응급 구조 칸에서 식혀지고 있었어요. 그 앞에 코가손 소방서장이 걱정스러운 표정으로 사이다 탐정 곁을 지켰지요.

"어머! 사이다 탐정님이 어쩌다!"
"혼자 산불을 끄다가 그만……."
코가손 소방서장은 금방이라도 울 듯한 표정이었어요.
"시간이 없어요. 빨리빨리!"
거북 응급 구조사가 이동 침대를 밀며 재촉했어요.

사이다 탐정이 시원하고 짜릿한 사이다를 보충하는 동안, 봉이도 소식을 듣고 병원으로 급히 날아왔어요. 그런데 봉이가 고개를 휘휘 저으며 병원 이곳저곳을 둘러보는 게 아니겠어요? 병실 앞을 지키던 소시지 경찰에게 봉이가 물었어요.

"그런데 버거는 어디 있나요?"

"둘은 늘 같이 다니는데!"

혹시 방화범을 쫓아간 건가?

산에서 무슨 일이 벌어지고 있을지 모릅니다!

빨리요, 빨리!

"이렇게 울창한 나무 사이에서 어떻게 버거를 찾지?"

난감해하는 소시지 경찰을 보며 봉이가 씩 웃었어요. 봉이가 스마트 패드 속 프로그램을 작동시키며 말했어요.

"걱정하지 마세요! 제가 버거에게 위치 추적이 되는 명함을 줬거든요."

잠시 후, 봉이가 "저쪽이에요!" 하고 소리쳤어요.

소시지 경찰과 봉이가 달려간 곳에는 몸을 잔뜩 웅크린 채 무언가를 찾는 듯한 버거가 보였어요.

"버거 씨, 괜찮으십니까?"

그런데 버거는 소시지 경찰의 말소리도 듣지 못했는지, 덤불 속만 헤집고 있었어요. 버거가 작은 소리로 말했어요.

"찾았다."

"사이다 탐정! 괜찮아?"

버거가 병실 문을 벌컥 열고 들어섰어요.

"괜찮아, 잠깐 쓰러졌던 것뿐이야. 그런데 단서는 찾았어?"

버거가 그동안 모았던 물건을 쏟아 냈어요.

"이것 봐. 그 전에 황소다 씨를 만났는데……."

"기상 관측소에 확인하니 헬스푸드시의 기온이 매년 오르고 있었어. 그리고 산불이 난 날은 모두 바람이 강하게 불었지."

버거의 말에 사이다 탐정의 눈이 반짝였어요.

"맞아, 오늘도 바람 소리가 굉장했어."

버거가 나뭇잎 한 장을 꺼내 보였어요.

"그런데 이상해. 가을이 오려면 아직 멀었는데, 나뭇잎이 바짝 말라 있었어."

'말라 버린 나뭇잎과 바람이라. 산불을 발견하기 전에 나뭇잎과 나뭇가지들이 서로 마찰을 일으키는 듯한 소리를 들었어.'
지그시 감았던 사이다의 눈이 번쩍 뜨였어요!

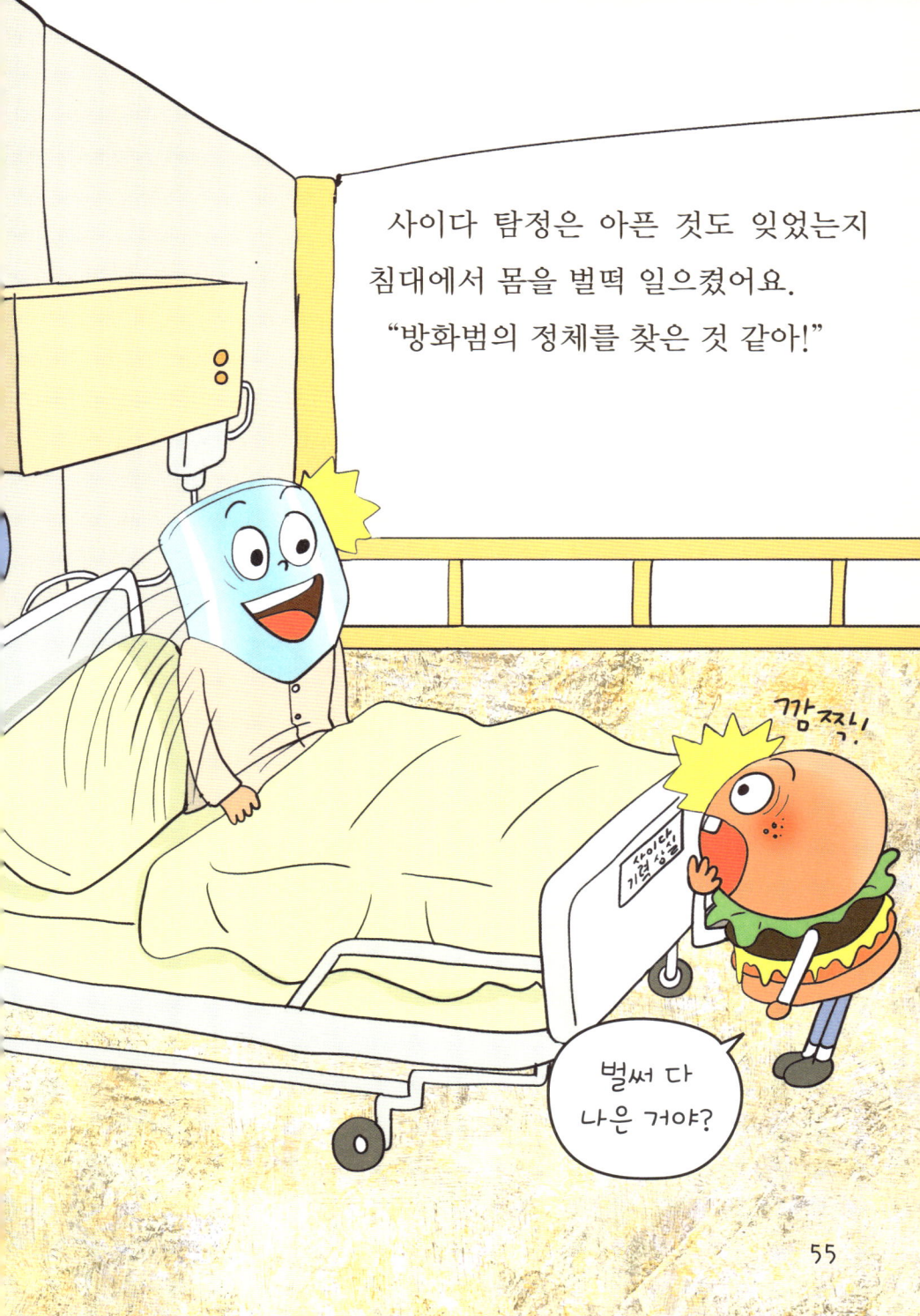

초대리가 두 팔을 세게 내저으며 말했어요.
"난 정말 아니에요, 억울하다고요!"

"아, 물론 초대리 씨 혼자 저지른 일은 아닙니다."

사이다 탐정이 CCTV 화면을 떠올리며 말했어요.
"초대리 씨가 머리를 짧게 잘랐어도 빠지는 머리카락을 잡을 수는 없었을 거예요."
"네? 그, 그렇지만 헬스푸드시에 불이 자주 나서 최근에는 촛불도 매일 끄고 다녔다고요!"
초대리가 억울함을 호소했어요.

사이다 탐정이 차근차근 말을 이었어요.

"보통 산불은 봄가을에 많이 발생합니다. 그런데 지금은 햇볕이 뜨거워지는 6월이죠."

마카롱 시장님이 조그만 안경을 추켜올리며 맞장구를 쳤어요.

"오, 맞아요!"

기후가 건조하면 식물의 수분이 줄어들고, 불이 붙기 쉬운 상태가 됩니다. 흔치 않지만, 바람에 마른 잎끼리 마찰되어 불이 나기도 하죠. 성냥이나 라이터 없이 불씨를 만들 때처럼 말예요.

"그게 초대리 씨와 무슨 관련이 있나요?"
황소다 씨가 어리둥절한 표정으로 물었어요.
"초대리 씨의 떨어진 머리카락에 불씨가 남아 있었던 겁니다. 탈 것이 없는 도로에서는 아무 일도 일어나지 않았지만, 산이나 숲처럼 불씨를 살려낼 만한 것들이 있는 곳에서는 화재로 이어졌던 것이죠."

사이다 탐정의 시선이 초대리의 어깨로 향했어요.
"이렇게 빠진 머리카락이 바람에 날려 나뭇가지나 나뭇잎에 달라붙은 거예요. 초대리 씨가 의도한 건 아니지만, 불이 날 수 있는 조건들이 합쳐져 큰 화재로 이어졌던 것이죠."

"사이다 탐정님, 앞으로 산불이 안 나게 하려면 어떻게 해야 하죠? 다같이 막을 방법이 있나요?"

성격 급한 마카롱 시장님은 얼른 이 사건을 해결해 안전한 헬스푸드시를 만들고 싶었어요.

"6월인데 비는 내리지 않고, 기후가 건조해지는 것도 지구 온난화로 인한 변화입니다. 그만큼 산불이 많이 일어나면서 악순환이 반복되는 것인데요."

사이다 탐정의 표정이 심각해졌어요.

"2020년 이후로 전 세계에서 초대형 산불이 많이 일어났어요. 2021년 한 해에만 산불로 인한 탄소 배출량이 3억 4천만 톤이라고 해요. 지구 온난화가 산불의 원인이 되기도 하지만 산불이 지구 온난화를 앞당기기도 하는 것이죠."

헬스푸드시의 모든 소방차가 소나무 숲으로 출동했어요. 하지만 불길은 순식간에 소나무 숲 뒤로 이어진 산줄기까지 번졌어요.

바로 그때 시끄러운 헬리콥터 소리가 들렸어요.

커다란 자루에 물을 가득 담은 대형 헬리콥터였어요. 퐁퐁퐁! 퐁퐁퐁! 헬리콥터에서 물이 가득 든 거품이 발사됐어요. 물거품들은 정확하게 불길이 솟구치는 곳으로 떨어졌어요.

봉이의 소방 헬리콥더 덕분에 마을까지 불길이 번지기 전에 불을 모두 끌 수 있었어요.
"사이다 탐정, 물주머니는 내 공장에서 만들었단 걸 잊지 마! 다 내 덕분이라고!"
뭉개 사장의 목소리가 소나무 숲에 울려 퍼졌어요.

불길이 잡혔어!

그래그래! 고마워, 뭉개 사장! 봉이도!

살았다!

이렇게 빨리 준비했을 줄이야!

"큰불은 막았지만, 아직 잔불이 남았다. 작은 불씨도 남기지 말고 모두 꺼야 한다!"

"네, 알겠습니다!"

코끼리 소방서장의 말에 소방수들이 재빠르게 움직였어요. 사이다 탐정도 가만히 있을 수 없었어요.

"그럼 저도 돕겠습니다."

사이다 탐정이 몸을 힘껏 흔들자 순식간에 탄산이 부르르 끓어 올랐어요. 사이다 탐정이 모자를 벗어던져 탄산을 검은 재에 시원하게 뿌렸어요.

마카롱 시장님의 일은 이제부터 시작이었어요.

"사이다 탐정님이 헬스푸드시에서 일어난 대부분의 산불 원인이 지구 온난화에 의한 기후 변화 때문이라는 것을 밝혀냈어요."

"산에 나무가 사라지면 그 산에서 살던 새나 짐승도 사라지고 말죠."

"여기선 살 수 없어, 다른 곳으로 가자."

산림이 파괴되어 야생 동물의 서식지가 줄어들고, 생물의 다양성이 감소돼요.

"산불 때문에 나무가 사라지면 산사태도 자주 일어나고요."

홍수나 산사태같은 자연재해가 증가해요.

"으, 내 공장!"

"식물은 온실가스인 이산화 탄소를 흡수해 줘요. 식물이 줄어들면 온실가스가 늘어납니다."

이산화 탄소가 증가해 기후 변화를 일으켜요.

"내 방귀가 지구 온난화를 일으킨다고?"

산불을 예방하려면 평소 불에 대해 주의를 기울여야 해요.

산불 예방 규칙

1. 불장난 하지 않기

2. 불씨가 남아 있는 것은 버리지 않기

3. 불을 피운 후에는 반드시 끄고 다시 한번 확인하기

탁탁!

마카롱 시장님은 꽤 만족스러운 표정이었어요.

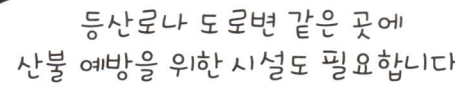

# 퀴즈

봉이가 가로세로 낱말퍼즐을 만들었어요.
기후 변화와 산불을 떠올리며 퀴즈를 풀어 보세요.

 가로

1. 불을 놓아 건물이나 물건을 태우면서 위험을 일으키는 사람.
2. 불이 나는 사고.
3. 대기의 온도. 헬스푸드시도 이것이 매년 오르고 있어.
4. 지구를 뜨겁게 만드는 기체 중 하나. 황소다의 방귀에도 들어 있어.

세로

1. 불을 끌 때 사용하는 기구.
2. 지구의 기온이 높아지는 현상. 이 현상으로 인해 헬스 푸드시가 점점 뜨거워지고 있어.
3. 지구 대기를 오염시켜 지구를 뜨겁게 만드는 가스를 통틀어 이르는 말.
4. 사계절 중 세 번째 계절. 보통은 건조한 봄과 이 계절에 산불이 많이 발생해.

헬스푸드시 시민들이 또 한번 힘을 합쳤어요. 불길이 휩쓸고 간 뒤 재만 남은 곳을 복구하고, 다함께 '산불 조심' 캠페인도 진행했답니다.

"후유. 버거, 시원한 사이다나 한잔할까?"

사이다 탐정이 묘목을 심은 뒤 잠깐 쉬려고 하는데, 휴대폰 벨이 울렸어요. 통화를 마친 사이다 탐정이 쓴웃음을 지었어요.

"휴, 사이다 한잔 마실 여유조차 없군."

탐정 일지

며칠 전부터 헬스푸드시 곳곳에서 보이던
검은 연기의 원인은 바로 산불이었다.

헬스푸드시는 갈수록 기온이 높아지고, 건조해졌다.
산불은 보통 봄가을철에 많이 일어나는데,
이제는 사계절 내내 조심해야 하는 골칫덩이가 됐다.

오늘 시청에서 한 설명은 다들 잘 들었겠지?
내가 너무 길게 얘기했나…….

그런데 마카롱 시장님이 전한 소식이 계속 생각나는군.
콜라 탐정이 그린 시티로 발령받았다니……!

퀴즈 정답

26~27쪽

30~31쪽

36~37쪽

42~43쪽

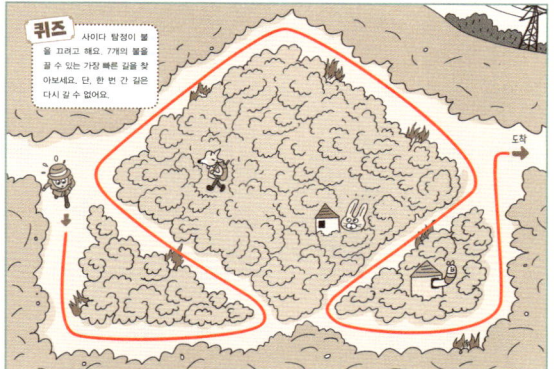

50~51쪽

80~81쪽

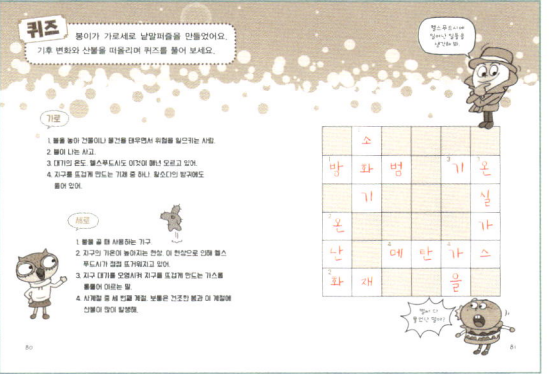